SIMPLE DISCOURS

SUR

L'ISTHME DE SUEZ

PAR

CHARLES CHAMPLEN

ANCIEN ATTACHÉ AU CONSULAT GÉNÉRAL DE FRANCE
À ALEXANDRIE D'ÉGYPTE.

> L'esprit turc est de ruiner les travaux
> du passé et l'espoir de l'avenir.
> VOLTAIRE.

> Comme je crois que chacun doit parler
> avec une entière franchise, j'aime à dire
> ma façon de penser.
> LE PRINCE JÉROME.

Prix : UN FRANC.

CHEZ L'AUTEUR

RUE DE L'ÉCHELLE-MONTMARTRE, 20
Et chez les principaux éditeurs de Paris.

1864

SIMPLE DISCOURS

SUR

L'ISTHME DE SUEZ

PAR

Stanislas CHAMPEIN

ANCIEN ATTACHÉ AU CONSULAT GÉNÉRAL DE FRANCE
A ALEXANDRIE D'ÉGYPTE.

———

> L'esprit turc est de ruiner les travaux
> du passé et l'espoir de l'avenir.
>> VOLNEY.

> Comme je crois que chacun doit parler
> avec une entière franchise, j'aime à dire
> ma façon de penser.
>> LE PRINCE NAPOLÉON.

———

PRIX : UN FRANC

———

CHEZ L'AUTEUR

30, RUE DE L'ABBAYE-MONTMARTRE, 30

Et chez les principaux éditeurs de Paris

1864

PARIS. — IMPRIMERIE DE DUBUISSON ET Cᶜ, 5, RUE COQ-HÉRON.

SIMPLE DISCOURS

SUR L'ISTHME DE SUEZ

I

Des intérêts d'espèces très variées s'agitent autour
de la question de l'Isthme de Suez. Chacun des per-
sonnages de cet imbroglio vient à son tour débiter sur
la scène sa tirade de vérités incomplètes, d'affirma-
tions douteuses, de mensonges déguisés. C'était jusqu'ici une comédie de mœurs ; en d'autres termes, une
grosse affaire. D'abord, et avant tout, — vu le temps
où nous vivons, — c'était un superbe placement d'argent avec réclames retentissantes.

Les mines aurifères et argentifères des cinq parties
du globe, ces mines fécondes, exploitées par d'habiles

ingénieurs qui les font jouer et sauter (je déclare for-
mellement m'exprimer dans le sens propre et ne faire
allusion à aucune mine spéciale), étaient des enfantilla-
ges devant la coupure de l'Isthme. Et de fait la représen-
tation marchait bien, les applaudissements du public de-
venaient plus vifs d'acte en acte; l'action, bien charpen-
tée, se développait librement, riche de petites et même
de grandes intrigues; les acteurs éblouissaient; on ne
voyait sur le théâtre que vice-rois, ambassadeurs,
hauts dignitaires; les uns revêtus de costumes orientaux couverts de pierreries, les autres d'habits brodés
sur toutes les coutures. Les comparses (la plèbe des
actionnaires, perdus dans les coulisses) étaient eux-
mêmes dignes d'attention, d'égards, que dis-je, de
respect : cette foule représente deux cents millions.
Chapeau bas! c'est... non le marquis de Carabas, mais
bien mieux et bien plus; c'est le souverain, le dieu du
jour, le CAPITAL !

Hier encore, la pièce tournait au drame, à la tragé-
die même; les amis des auteurs, les collaborateurs
d'occasion voulaient, mais c'était de l'enthousiasme,
orner le dénouement d'épisodes militaires. Malheureusement, Malbrough ne va plus en guerre.

II

Au moment où l'affaire de Suez va enfin, après avoir
déraillé, entrer dans une voie régulière; au moment
où l'Empereur, comme le dieu ancien, se charge de
dénouer l'action en présence de chefs de train qui ne

savent plus à quel saint se vouer, j'y viens dire mon mot.

Non comme beaucoup l'ont fait jusqu'ici ; mais un mot indépendant, une opinion libre de toute influence. C'est le moyen de mécontenter tout le monde. La vérité est à ce prix.

Je me garderai de faire un résumé, un compte rendu, un mémoire, un plaidoyer quelconque! J'ai le courtage en répugnance ; j'ai, surtout, l'ennui en trop d'horreur pour m'y livrer et l'infliger aux autres. J'assiste en spectateur très désintéressé à ce qui se passe. J'éprouve le désir d'être utile autant que possible. Je regretterais de ne pas témoigner dans ce grand débat de l'isthme ; mais je le fais à ma manière, sans prétention, sans autorité, sans parti pris d'être l'avocat ni l'adversaire de personne. Je ne possède d'actions ni dans la Compagnie de Suez, ni, hélas, dans aucune autre. Je n'ai pas l'honneur d'être au nombre des amis de M. de Lesseps. Je cause purement et simplement de ce que je crois voir. J'écris comme les impressions me viennent et ne donne à mes idées ni cadre bien sévère ni suite bien grande. En conséquence, mon désordre n'est nullement un effet de l'art, mais une simple liberté d'allure. N'ayant d'autre dessein que celui de parler à l'aise et avec sincérité, le travail fastidieux de disposer des arguments, et malhonnête de dissimuler des attaques ou de ménager une apothéose, n'a pas de place dans ma causerie, qui aime à vagabonder.

Au fond, je serais flatté que cet opuscule aidât, en quoi que ce soit et si peu que ce fût, à la belle entreprise du canal. Mais tant de gens ont l'orgueil d'apporter si majestueusement leur *pierre à l'édifice*, qu'il me reste à peine l'ambition d'y placer mon caillou en riant un peu ; cependant, c'est une chose que je veux tenter.

J'aurai du moins l'honneur de l'avoir entrepris.

Ce n'est pas que je veuille mettre ma plume au service de M. de Lesseps, il s'en faut de beaucoup. Le célèbre promoteur de l'isthme en compte assez à sa disposition, sans parler de la sienne, et il est trop bien placé pour en manquer jamais. Je ne me sens aucun goût à m'enrôler, même comme volontaire, sous les bannières des hauts barons de notre temps. Le vieux don Diègue en appela à l'épée de son fils ; le jeune don Sanche offrit la sienne, dans la même *affaire*, à Chimène, mais il y avait là de ces intérêts qui ne se cotent pas à la Bourse, et qu'il est impossible d'évaluer à tant pour 0/0.

Ma Chimène à moi, c'est la vérité. Voilà une maîtresse qui ne trompe jamais, et n'a pas de caprices. — Je ne veux pas dire que les caprices soient des défauts chez une maîtresse.

III

Les belles chances de l'entreprise de l'isthme sont dans la pensée de relier les peuples entre eux, d'ouvrir à la civilisation une route plus rapide et plus sûre. Tous les hommes d'avenir, tous les hommes d'intelligence sont d'accord ; tous savent et proclament qu'il s'agit d'un bienfait pour l'humanité.

Les mauvaises chances sont, en premier lieu, dans l'antipathie qu'éprouvent contre nous les puissances d'Orient, ensuite dans l'absence de base de l'affaire.

Ces deux vices, au reste, se tiennent et sont la conséquence l'un de l'autre. La répugnance du sultan a enfanté la mauvaise constitution première de la Société, laquelle, en définitive et par cela même, est venue au monde avant terme. — Absolument comme Bacchus ; mais M. de Lesseps ne l'a pas gardée dans sa cuisse, et de là les complications actuelles. Jupiter s'est montré, comme père, plus tendre, et comme homme pratique, plus prudent que notre célèbre compatriote.

Nous avons vraiment tort de ne pas chercher plus souvent dans l'antiquité nos règles de conduite.

Si le Grand Seigneur avait été en réalité bien disposé, il aurait non-seulement accueilli le projet avec d'aimables paroles, mais il aurait surtout donné son approbation clairement et sans ambiguité. Le firman indispensable eût suivi les phrases encourageantes ; mais les paroles dorées ont été prodiguées au confiant solliciteur, et le firman est resté une illusion. — Il faut jouer de malheur pour se faire donner de l'eau bénite par un Turc.

Sans périphrases, le vizir a finassé, et M. de Lesseps a été de l'avant. — Dominé par sa haute pensée, poussé par le louable désir de la réaliser, il a négligé de sonder cette inertie hostile : il a passé outre, ce qui n'est pas d'un homme avisé. Aujourd'hui, la preuve est faite que le président de la Compagnie du canal, trop empressé d'exécuter son projet, a omis de l'asseoir.

IV

En présence des articles pour, des articles contre le canal de Suez, des consultations, des exploits d'huissier, des banquets, des jugements du tribunal civil, il m'a semblé que le public impartial devait éprouver véritablement un grand besoin de voir clair dans l'affaire. La chose ne me concernant ni plus ni moins que tout le monde (j'entends les désintéressés), j'eus la velléité de m'en occuper; — il y a, même parmi les logiciens, des conséquences plus absurdes que celles-ci.

Pour verser au trésor commun ma souscription individuelle, je comptais la déposer dans une feuille publique. Là commencèrent mes perplexités.

Tel journal aurait accepté l'offrande, mais à condition d'en retrancher ce qui pourrait déplaire au directeur de la Compagnie de Suez, trouvant d'ailleurs le reste fort à son goût.

Un autre m'aurait volontiers ouvert ses colonnes si j'avais voulu consentir à biffer les éloges au président de l'Isthme, en accentuant un peu les observations.

Et chacun de ces organes de la presse consciencieuse, chacune de ces bouches de vérité, avait ses motifs.

Quelques personnes daignaient me témoigner de l'intérêt. Vous devriez, me disaient-elles, voir Nubar-Pacha ; c'est une excellence doublée de MM. Dufaure, Odilon Barrot, Jules Favre, c'est le vrai quadrilatère. Voilà une phalange bien puissante, elle concentre l'autorité, la science, le talent, l'éloquence, l'or !—Ces conseilleurs-là étaient ce qu'on appelle des habiletés pratiques.

L'un des camps en présence renferme les hommes d'initiative, les hommes de savoir, les enthousiastes généreux, les *faiseurs* aussi, car il faut tout dire. — L'autre rassemble les rivalités d'affaires, les trembleurs, les ennemis, les Lageingeole de l'Angleterre. J'y ai même vu des gens qui se flattaient de n'être dupes de personne ; — mais ce qui me les gâtait, c'est qu'ils étaient envieux.

Et moi qui voulais parler sincèrement ! fuyant avant tout la vénalité, et ensuite le doctorat, la suffisance, la rouerie ! répugnant aux hostilités de parti pris comme aux complaisances intéressées, je me suis senti isolé ; je n'espérais guère trouver à loger mon *simple discours* dans ces beaux hôtels garnis de la presse où les voyageurs aiment tant à descendre. Ces caravansérails (quand ce ne sont pas des bazars) ont à peu près tous leur enseigne ou leur drapeau ; l'enseigne ne m'allait pas, le drapeau non plus. Quant à l'idée d'aborder un des palais du journalisme, elle ne m'est seulement pas venue. Les plus petits réduits y sont occupés par des locataires à l'année, auprès desquels mon pauvre bagage littéraire ne pouvait décemment figurer, et qui font tous les jours, et argent comptant, une dépense de science et d'esprit que mes moyens intellectuels ne me permettent pas. D'ailleurs,

là aussi les opinions sont faites, ces heureux Archimè-
des ont tous trouvé ; moi, je cherche, et c'est un peu
bien candide pour les lumières du feuilleton.

Quand on ne peut pas payer son loyer, il faut avoir
une maison à soi ; cette remarque fort juste m'a frappé,
et voilà pourquoi je me prélasse en cette modeste bro-
chure. Ici, je suis chez moi. J'y cause librement, je n'ai
point de mandat impératif, je ne relève que de ma
conscience, et cela me convient. — Il y a mieux, c'est
que le contraire ne me conviendrait pas du tout.

Ce sont donc mes propres idées, mon opinion per-
sonnelle que je compte développer à ma façon, c'est-à-
dire en m'arrêtant en route chaque fois que la fantaisie
m'en prendra ; la méthode du petit Chaperon allant
chez *mère grand*.

V

Comme je l'assurais tout à l'heure, les puissances
d'Orient nous aiment peu ; et je vois souvent qu'ici on
leur casse l'encensoir sur le nez ; c'est bien généreux
de notre part.

J'approuve la générosité, même envers ceux qui ne
la méritent pas ; mais il faut d'abord être vrai ; je vais
dire ce que j'ai vu.

> Descends du haut des cieux, auguste vérité,
> Répands sur mes écrits ta force et ta clarté.

En Égypte, les Occidentaux, les *infidèles* (d'après
eux, nous sommes les infidèles) sont abhorrés. Chacun

le sait là bas, et traiter avec cette race est délicat. Soyez le plus fort, vous êtes obéi, soyez probe, vous êtes volé.

Il en est ainsi du haut en bas, du souverain au fellah. — Je retire immédiatement le mot *volé* qui n'est pas parlementaire et qui m'est échappé dans le feu de l'improvisation ; je dis qu'il arrive qu'on se trouve après d'héroïques efforts, après de solennelles conventions, dans la situation actuelle de M. de Lesseps.

A Paris, à Londres, à Turin, à Genève, M. de Lesseps aurait les tribunaux ; il y a des juges même à Berlin, témoin le meunier de Sans-Souci ; mais à Alexandrie ! et après dix ans de travaux et de contrats !... Oh civilisation des Pyramides !

Au nombre des plaisanteries que je rencontre dans les journaux sérieux — les feuilles graves et bien informées — je signale la civilisation de l'Égypte, civilisation née de l'amour éclairé de ses vice-rois pour le progrès chez ce beau peuple. J'engage les lecteurs à se défier des hommages rendus aux efforts de ces Altesses, efforts éclairés comme leur amour — et tout aussi authentiques, — lesquels se renouvellent de règne en règne, stimulés par la touchante idée, par le besoin impérieux de procurer à l'Égyptien le bien-être, le confortable ; de lui fournir ses aises, de réaliser ses aspirations, de veiller à son bonheur, et de le conduire paternellement à son idéal !

Je trouve très flatté le portrait de ces princes. Et je m'étonne d'autant plus de ces maladroites congratulations, que je n'entrevois même pas le motif, j'allais dire l'intérêt, qui les dicte, car les vice-rois ne tiennent nullement aux éloges de cette espèce ; ils ne leur accordent aucune valeur, ils n'y attribuent pas de sens. Ce sont des phrases européennes, qui les font sourire quand on les leur débite, — et quand ils sourient.

VI

Méhémet-Ali en tête — une espèce de Pierre le Grand, — les vice-rois qui se sont succédé jusqu'ici n'ont pas mis d'empressement à rivaliser avec Louis IX et Henri IV. Certes Méhémet lui-même n'y a jamais songé une seule minute, mais enfin il organisait, à la turque s'entend, à coups de bâton quand ce n'était pas à coups de sabre; Abbas-Pacha n'était rien moins qu'un Vincent-de-Paul ; Mohamed-Saïd, mort dernièrement, doit sa réputation à M. de Lesseps. — Au reste , peu jaloux d'écrire une histoire contemporaine de l'Egypte, je me borne à déclarer que la civilisation y est un puff ; — quant à l'amour du bien public , jamais personne n'en a entendu parler. J'ose ajouter que le peuple, aussi éclairé que l'amour de ses maîtres, a la civilisation en horreur.

Il est ignorant, il est sale, il est fanatique ; il nous exècre et nous méprise encore plus qu'il ne nous abomine. — Concevez-vous le *mépris* de ces ignobles bipèdes ! — Quelques mots d'abord sur la masse égyptienne, le prolétaire ; je reviendrai tout à l'heure aux Altesses, aux Excellences, qui, d'ailleurs, sont en évidence pour le moment ; les faits parlent d'eux-mêmes. Je me permets quelques exemples qui me sont personnels. Attaché au consulat de France en Egypte (1857-1860), j'avais été envoyé au Bogâz de Rosette (embouchure du Nil), à l'occasion du naufrage d'un navire français, l'*Anaïs*, et pour présider au sauvetage des objets qu'on pourrait tirer du bâtiment enfoncé dans la vase, vers les côtes de Syrie. J'avais sous mes ordres l'équipage de l'*Anaïs*, auquel étaient adjoints une vingtaine d'Egyptiens destinés à aider nos matelots. Tous les matins, au point du jour, nous franchissions péniblement la barre du Bogâz, réputée si dangereuse par Volney, et, cinglant à droite, nous nous dirigions sur le naufragé; après quelques heures de navigation, nous l'apercevions gisant sur le flanc au milieu des vagues. C'était presque un voyage, et la promenade n'était pas toujours sans péril, vu l'exiguité et la faiblesse de nos embarcations.

Un matin, je fais venir le capitaine et je lui demande, comme d'ordinaire, s'il pense que nous puissions aller à nos travaux; il consulte l'horizon et la mer. — Aller, oui, dit-il; mais pour revenir ce soir, je ne réponds de rien : *il y a belle chance de boire.*

Ce renseignement pris, je décide qu'on attendra. Une demi-heure après, on vient m'avertir qu'il y a du bruit sur le rivage, que les Égyptiens veulent aller au navire, et qu'ils menacent.

Ces hommes recevaient une paye du consulat; seulement, les jours où ils restaient à fumer, étendus sur le sable, elle était moindre.

Je cours à eux, je leur fais expliquer l'opinion du capitaine, — j'eus ce tort, c'était une faiblesse; — aussi les cris sauvages et les gesticulations suivirentils un rapide crescendo. Ces brutes voulaient être obéies ; le chef surtout montrait une arrogance que, d'habitude, ils n'ont pas, et qui commençait à m'impatienter.

La situation tournait au tragique. Le chef étant venu me toiser de trop près, je le saisis par son burnous et le remis à quelques matelots avec ordre de l'emmener à Rosette. En deux minutes, il fut porté dans un canot, et la voile s'enfla pour remonter le Nil.

La foule semblait vouloir me dévorer ; je présentai mon révolver, les hurlements cessèrent.

Le lendemain, j'allai à Rosette. On avait conduit mon homme au gouverneur, qui, — au préalable et sans plus ample informé, — lui avait fait appliquer une volée de coups de bâton, puis jeter au cachot.

En Égypte, un sujet *appréhendé* par une autorité quelconque a naturellement tort d'avance. Pourquoi est-il tombé sous la griffe du fonctionnaire destiné pourtant à le protéger ? *Allah Kerim !* Dieu est miséricordieux. Les châtiments précèdent, quitte à s'expliquer, s'il y a lieu.

Je vis ce gouverneur ; il m'offrit une longue pipe, après avoir aspiré quelques bouffées lui-même, une tasse de café grande comme une noix, et commença la conversation, au moyen de l'interprète, en me demandant pourquoi j'avais quitté mon chapeau.

Lorsque nous arrivâmes à parler du chef, il me dit d'un air affable que l'homme, en sortant de prison, irait aux galères.

Ce n'étaient certes pas là mes intentions et je me récriai fort ; ce malheureux me faisait pitié. Mais nous causâmes d'autre chose et je pris congé. — En sortant du *Palais*, je remarquai un Arabe qui semblait m'attendre et vouloir m'aborder ; je le signalai à l'interprète qui l'écouta à peine et me dit : ce n'est rien, c'est le frère du chef ; et avec un haussement d'épaules il ajouta en ricanant : il vous prie de pardonner à son frère !

Je rentrai aussitôt chez le gouverneur et le sollicitai instamment de mettre sur le champ son prisonnier en liberté. — On ne peut plus surpris, il m'assura que j'avais tort de réclamer cette grâce ; je demandai pourquoi, il répondit que j'allais me faire mépriser par les gens du Bogâz, que ma commisération, qui au reste l'étonnait beaucoup lui-même, à leurs yeux serait lâcheté. — *Si tu lui pardonnes*, fit-il, *il dira, lui et les autres, que tu as peur.*

Mon père était de Marseille et m'a légué, c'est vrai, quelque vivacité, mais je dois à ma mère, née à Oberlandstein, le bon et noble sang allemand qui coule aussi dans mes veines ; je maîtrisai donc en souriant un mouvement d'indignation, j'insistai avec autorité et j'obtins la grâce de ce malpropre fier-à-bras. — Je crois bien que le gouverneur, devenu froid et sérieux, ne me tenait plus lui-même en grande estime.

Je soupais un soir chez un de mes amis italiens. Comme il y avait affluence, plusieurs serviteurs indigènes avaient été adjoints aux domestiques ordinaires ; au milieu du festin, je vois tout à coup notre amphitryon lancer son verre à la tête de l'homme debout derrière lui, se lever furieux et le rouer de coups. Nous eûmes de la peine à tirer l'échanson des mains de X... qui nous expliqua que cet homme lui avait versé à boire en retournant le poignet, les ongles en haut, ce qui, disait-il, est chez ces gens une marque de mépris et de dégoût. Cet Arabe était bien payé et bien traité, car X.. est généreux; mais il obéissait instinctivement à la haine que lui inspirait cette réunion d'infidèles et n'avait pu résister au besoin de les insulter. — Je suis bien sûr que la rude correction qu'il reçut nous releva cependant un peu dans son esprit.

Une après-dînée, à Alexandrie, je pensai me heurter à un homme immobile au milieu des passants ; c'était le corps d'un pendu ; ses pieds touchaient à peu près à terre. La tête, légèrement penchée sur l'épaule, semblait regarder avec nonchalance les herbes étalées que vendaient des femmes horriblement déguenillées, accroupies dans la boue. On prêtait peu d'attention à ce hideux spectacle. Deux ou trois estafiers de police, — qui, eux, ont l'aspect de véritables brigands, — se promenaient à quelques pas, les mains sur le dos. C'est là le digne appareil de la justice. Les exécutions se font pour ainsi dire en famille, sans faste. La population hébétée n'attache pas d'importance à ce détail de la vie sociale ; elle se borne à mépriser le dégoût que ces spectacles inspirent aux étrangers, *aux chiens de chrétiens.*

Le soir même, je suis obligé d'en convenir, j'ai retrouvé un morceau de la corde du pendu chez une belle dame européenne!

M. de Beauval, l'avant-dernier représentant de la France, sait les égards que la population a témoignés au consulat. Combien de fois ai-je vu, au coin de ce qu'ils appellent des rues, les canons de Saïd braqués contre ce peuple qui, à chaque rhamadan, se proposait le plaisir de nous égorger !

On parle depuis plus d'un an d'un grand projet adopté par ce même Saïd-Pacha, et qui renouvellerait Alexandrie. Je connais les immenses avantages de cette entreprise profondément civilisatrice. Je sais quelle magnifique, quelle indispensable amélioration elle apporterait au pays tout entier, — mais il faudrait que ce pays existât, qu'il fût, socialement parlant, quelque chose. — Il n'y a qu'un Lesseps pour édifier sur ces sables et au milieu de cette informe agglomération dont le fond n'est qu'apathie et hostilité.

Au résumé, la civilisation en Égypte se concentre dans la société française, anglaise, italienne, allemande, dans les étrangers enfin ; — ceux que les indigènes qualifient si outrageusement.

Et cependant la civilisation, religion de l'avenir, reviendra planer sur la vieille terre des Ptolémées. — La civilisation dans les domaines de Cléopâtre ! N'importe ; — une première fois, de nos temps, elle y a tenté une réapparition ; c'était l'armée française conduite par Napoléon ; aujourd'hui, M. de Lesseps l'essaye, et, en ce moment, il essuie un Aboukir ; je parle de l'Aboukir de l'Anglais Nelson.

M. de Lesseps, en butte maintenant aux mêmes résistances que celles qui ont arrêté le vainqueur du second Aboukir, triomphera, il faut l'espérer, des obstacles anglais ; les difficultés purement égyptiennes sont placées trop bas pour atteindre ses gigantesques travaux. Notre compatriote accomplira bientôt, que dis-je, achèvera tout à l'heure, si on le laisse faire, le plus grand œuvre des temps modernes.

Devant lui, le fils d'Alcmène séparant Calpé d'Abyla me paraît novice ; ce héros a introduit l'Atlantique dans un lac, dans quasi une impasse : M. de Lesseps renouvelle authentiquement l'exploit un peu apocryphe d'Hercule, et il l'améliore. — Le Grec, il faut en convenir, possédait une belle force ; le Français est doué d'une puissance toute semblable ; lui aussi joue à réunir des océans, mais, en Dieu bienfaisant, il appelle le désert à la vie.

VII

Voilà ce qu'on veut empêcher ; voilà ce que, de nos jours, la jalousie de quelques-uns, la basse envie de quelques autres cherchent à anéantir. Ces mauvaises passions ont pour auxiliaires, comme je l'ai constaté, l'astucieuse inimitié de l'Orient et la regrettable impatience de M. de Lesseps.

Je ne dis pas l'amitié, ni la bienveillance, ces sentiments sont trop affectueux, j'affirme que le simple désir de bonnes relations avec les peuples civilisés existe chez les princes ottomans au même degré que leur amour pour les peuples qu'ils oppriment. A la superficie, la crainte que nous leur inspirons se manifeste par quelques démonstrations mensongères ; mais au fond ils n'ont pour nous que haine et mépris ; oui, ces barbares, ces sauvages nous méprisent, et cela depuis les pachas jusqu'aux portefaix. — Chrétien ! c'est l'injure suprême. De misérables mendiants, dans

leurs querelles à Alexandrie, hurlent entre eux :
Appelle-moi voleur (ils volent continuellement), appelle-moi chien, cela m'est égal ; mais si tu m'appelles
chrétien, prends garde à toi ! — Des Européens se
sont enrichis en Egypte, à Tanger, à Tunis ; mais, à
part quelques rares exceptions, c'est en servant de
bouffons aux shaabaham qui leur distribuaient à profu-
sion, non de simples coups d'éventail, mais de rudes
coups de pied un peu partout.

Allez donc parler bien-être général et civilisation à
ces puissances de par le sabre et le fanatisme, à ces
princes ignares et cruels. Aujourd'hui qu'ils sont con-
traints à nous accueillir, ils font mine de vouloir nous
imiter, et l'on voit à Constantinople même comment ces innovations sont reçues. Qu'un homme
vienne avec une grande idée, plusieurs fois tentée
déjà, mais à laquelle et fort heureusement, il parvient,
lui, à donner l'impulsion par son habileté, sa persévé-
rance, sa prodigieuse activité ; que cet homme, après
des efforts inouïs, réussisse, à fonder son œuvre là où
ses devanciers avaient échoué ; eh bien, sa lutte la plus
énergique n'a pas été contre les éléments, les roches,
le sable ; le combat ignoré s'est livré entre son aspira-
tion et l'antipathie hostile du souverain, entre le vœu
de la science et la majestueuse ignorance du maître,
entre sa vive ardeur et la somnolence ennuyée du des-
pote. Quand tout cela est enfin vaincu, les journaux de
l'Occident font des articles où la puissante intelligence,
le sentiment éclairé de l'art, la glorieuse initiative du
vice-roi sont signalés à l'admiration et à la reconnais-
sance des siècles futurs,

Et voilà justement comme on écrit l'histoire !

Voilà comment se font les réputations des maîtres du globe, aujourd'hui comme autrefois, dans notre temps de lumières tout comme dans les temps écoulés. — Sésostris, bien certainement, a dû avoir un Ferdinand de Lesseps.

Après toutes les ovations, du milieu des nuages d'encens, sort la tête de l'hydre. — Les Altesses, appuyées sur le Léopard britannique, daignent faire entendre leur voix. — Il s'agit de détruire l'œuvre.

Parlons clairement : l'acquiescement contraint, le concours arraché par l'importunité, par les vœux universels des nations policées, les promesses gracieuses, aboutissent à la mission de Nubar-Pacha. — Il faut combler le canal.

Personne, du moins je l'espère, ne s'y méprendra cette fois.

Si l'on a bien voulu se contenter des assurances ambiguës élaborées depuis dix ans, si l'on a ingénument accepté les faux semblants sur lesquels le jour se fait enfin à la dernière heure, poussera-t-on la *confiance* jusqu'à ajouter à cette série d'ingénuités celle de croire que la Turquie va prendre le soin d'achever le percement de l'isthme !

Rossini n'a jamais fait de plus brillant crescendo que celui qui éclate aujourd'hui.

La Turquie achèvera le canal, aussi vrai que le hatti schériff du Sultan est venu.

VIII

Certes, au point de vue social, M. de Lesseps a mille fois raison ; mais les résistances se concertent et complotent en ce moment pour ne pas se rendre à l'évidence qui les éblouit. — A dire vrai cependant, car il ne faut laisser dans l'ombre aucune face de la question, l'objection dût-elle paraître subtile, on n'a pas, en définitive, le droit d'embellir ou d'améliorer, malgré lui, l'habitation d'un propriétaire. Donnez à cet homme, qui est maître de son intérieur, les plus plausibles motifs, s'il les rejette, s'il refuse les améliorations, on ne voit pas ce qu'on peut opposer à sa volonté de laisser sa demeure dans l'état qu'il préfère ; charbonnier est maître chez lui.

Est-ce que, par une extension un peu large, on voudrait appliquer au pacha d'Egypte ces priviléges de voirie dont jouit Paris, et le contraindre, pour cause d'utilité publique, à se soumettre à une espèce d'arrêté du sénateur préfet de la Seine ?

Je sais bien que l'utilité publique, dans les circonstances dont il s'agit ici, est incontestable, et qu'elle grandit aux proportions d'utilité universelle, qui est tout à fait catholique dans la bonne acception du mot ; mais il faudrait, pour autorité un conseil supérieur formé de tous les peuples, et malheureusement la confédération des nations du globe n'existe pas encore. Elle est à l'état latent où dort le firman de Sa Hautesse.

Moi-même, dans ce simple discours, je pourrais proposer très raisonnablement à l'univers reconnaissant une foule d'améliorations plus nécessaires, plus indispensables, plus urgentes les unes que les autres ; certes, l'utilité prouvée et l'éclat de la mise en scène n'y manqueraient pas. — Je m'en garderai pourtant avec grand soin, car je suis persuadé que les autorisations préalables ne me seraient jamais accordées.

Et cependant rien ne m'empêcherait, dans mon enthousiasme, de me laisser entraîner, d'abord par mon idée — à l'exemple de M. de Lesseps — et ensuite par ces paroles connues : « Lorsque j'ai pris mon parti, je vais droit à mon but, je fauche tout, et je couvre tout de ma robe rouge. » C'était, comme on sait, un cardinal qui parlait ainsi.

Hé bien, en présence de ces belles choses, griffonner me paraît plus honnête que gouverner. Mieux vaut encore étendre un peu d'encre sur du papier que d'avoir à étaler une robe quelconque pour cacher du sang.

Ce sont là de bien mesquines théories, qui me vaudront le dédain des hommes d'État. — Je m'y résigne.

IX

En 1825, mon bon et illustre père, élevant la voix au sein de la commission royale, réunie pour s'occuper des droits héréditaires des auteurs, s'écriait en parlant du domaine public qui voulait les dépouiller :

Ah ! doit-on hériter de ceux qu'on assassine !

Faut-il, après trente-neuf ans, qu'à mon tour j'adresse le même vers à Sa Hautesse, fort surprise de se voir

si énergiquement et si justement apostrophée par Cré-
billon. — En effet, Abdul-aziz, si l'on faisait droit aux
demandes de Nubar-Pacha, assassinerait d'un seul
coup l'entreprise, mais il n'en hériterait pas, même
sous bénéfice d'inventaire ; ce serait un attentat tout à
fait désintéressé ; assassiner gratuitement et pour
compte d'autrui est une mission par trop sans gloire.
Le Croissant est bien bas à l'horizon.

Volney dit (*Voyage en Egypte et en Syrie*) : « En
Turquie, l'on détruit sans jamais réparer. » Et un peu
plus loin : « L'esprit turc est de ruiner les travaux du
passé et l'espoir de l'avenir. »

Le prince Napoléon, au banquet, s'exprime ainsi :
« Le vice-roi croit pouvoir terminer le canal ; il ne le
terminerait pas ; les travaux se dégraderaient ; rien
ne se ferait. Voilà la vérité. »

Eh bien ! ce sont les Ottomans qui proposent d'achever au besoin le percement de l'isthme.

Les travaux du canal confiés aux bons soins de la
Turquie !

Belle conclusion et digne de l'exorde !

Voilà une de ces idées qui ne seraient jamais venues
à personne. Les Turcs s'occupant de civilisation, les
Turcs perçant des isthmes, les Turcs s'unissant aux
chiens de chrétiens pour améliorer le globe ! Oh ! Ma-
homet, ferme les yeux !

X

D'Arabe à Anglais, il n'y a que la main (je parle des
gouvernants).

L'Angleterre, qui nous donne le spectacle édifiant de la prudence et du stoïcisme ; l'Angleterre, qui, la joue et le nez gonflés encore du soufflet russe et des chiquenaudes allemandes, jure ses grands dieux (le café, le sucre, le coton, la soie, l'opium) qu'elle ne se battra pas. L'Angleterre prendrait les armes contre le canal de Suez ! Allons donc ! La blonde Albion n'est plus si jeune que cela. Notre fidèle alliée d'ailleurs aime trop la France , sa bonne sœur, pour vouloir la contrarier tout à fait en face.

Passe pour essayer de ruiner une admirable entreprise qui n'est pas uniquement britannique ; passe encore pour priver les peuples et le commerce de l'Europe d'immenses avantages; ce sont là des peccadilles qu'une diplomatie très mûre peut se permettre en ses loisirs, tout cela est bien, mais à la condition de ne pas franchir les limites de ruse, de perfidie sournoise, d'hostilité souterraine, reçues en chancelleries. — Ces manœuvres sont percées à jour, mais par une sorte de convention générale elles ne tirent pas autrement à conséquence. La duplicité, à notre époque, est bien portée et peu la honnissent, donc rien n'empêche les choses d'aller leur train; la partie continue, tout le monde sait qu'on triche, la belle affaire ! — mais charger les canons ! doucement...

Aujourd'hui, après avoir hérissé le poil et grincé des dents pour la forme, les vieux léopards font patte de velours. — D'ailleurs il n'y a guère que les familiers du canal qui, afin de stimuler le cabinet des Tuileries, essayaient jadis de montrer l'ogre anglais comme disposé à mordre ; ce n'étaient que des pavés d'amis. A présent

que l'Empereur a accepté d'être arbitre on s'inclinera
sans commentaires devant sa décision souveraine,
l'Angleterre tout comme les autres ; et peut-être mieux
encore, ne fût-ce que pour faire bonne mine à mauvais jeu. Ensuite les choses se passeront en famille,
avec la touchante mansuétude qui règne entre héri-
tiers ; et la partie de l'héritage qui reviendra à la
Turquie, (si toutefois il lui en revient une,) sera promp-
tement en ruines.

XI

Une des plaisanteries que l'on a mises en avant a
été la crainte que les conditions de sécurité de l'E-
gypte ne fussent affaiblies, que dis-je, compromises,
par le percement de l'isthme.

De la Méditerranée à la mer Rouge, la frontière d'E-
gypte est le désert. — Au lieu de ce désert, on crée une
route que les navires des nations civilisées vont parcourir ; de ce désert, on fait surgir des ports, des
villes. Cet espace immobile va s'agiter, prendre la vie ;
des êtres humains vont se montrer là où régnait le
néant. L'Egypte va voir les peuples passer sur cette
frontière, des peuples actifs, occupés, allant à leurs affaires ; les muettes thébaïdes vont se transformer ; au
lieu de la mort, du silence, du sable, il va y avoir des
hommes, des intérêts, des relations... Halte-là, y pen-
sez-vous ! et *les conditions de sécurité de l'Egypte ?*

Convenez qu'il est difficile de conserver une certaine
gravité devant des inquiétudes de ce calibre. La sécurité de l'Egypte ? mais ne vous semble-t-il pas comme

à moi que c'est précisément alors que cette sécurité s'établira! Comment? c'est en installant un Longchamp perpétuel dans votre désert qu'on compromet votre sécurité? Comment! parce que les Français, les Italiens, les Allemands et même les Anglais parcourront constamment cet horrible désert d'aujourd'hui, votre petite Égypte courra un danger? Mais lequel donc? Car ce sont les sergents de ville du monde entier qui se promèneront ainsi dans cette affreuse solitude actuelle ; au lieu de n'y voir âme qui vive il y aura affluence. Craindriez-vous que la jalouse Europe n'envoyât — toujours par le désert — ses armées pour vous conquérir? Mais pourquoi par le désert quand on peut, tranquillement et à l'aise, débarquer au milieu d'Alexandrie lorsqu'on voudra?

XII

Je parlais tout à l'heure des banquets. Ces réunions culinaires sont les chœurs du Grand-Opéra de l'isthme. Harmonie mêlée, fugue à deux sujets marchant côte à côte. Apollon et Mercure se tenant sous le bras. Dualité incestueuse de l'idéal et de la spéculation,

Deux mots hurlant d'effroi de se trouver ensemble,

la belle, la haute pensée d'une part, et de l'autre les préoccupations du capital !

Parmi les quinze cents convives, il n'est pas défendu de soupçonner qu'il s'en trouvait peut-être bien sept cent cinquante qui songeaient un peu, verre en main, aux actions qu'ils ont souscrites.

Mais ce n'est pas à cette vénale supposition que je veux m'arrêter ; je remarque uniquement que la seule voix qui jusqu'ici se soit élevée pour *entamer* les sérénissimes d'Orient est celle du prince Napoléon. Je me réjouis de rencontrer un aide de ce rang ; l'encens commence à s'évanouir. Dans son discours, le prince, avec beaucoup de retenue et de circonspection toutefois, a signalé cette volte-face, ce changement de front. Aujourd'hui, on peut sonder, seulement à la superficie il est vrai, mais enfin on peut apprécier la confiance à accorder aux paroles des pachas. Jusqu'au banquet nous n'avions entendu, et à tout propos, que leur éloge hyperbolique, mais voici qu'on en rabat. Encore un peu de patience et la lumière se fera.

De ma part, les vérités que je me permettais sur les sommités du Croissant pouvaient risquer de manquer d'échos, car on le sait :

> Tous les discours sont des sottises,
> Partant d'un homme sans éclat ;
> Ce seraient paroles exquises
> Si c'était un grand qui parlât.

Or, le grand a parlé — très courtoisement il en faut convenir — mais grâce à lui cependant la vérité pointe, bientôt elle scintillera à tous les yeux ; c'est un signalé service rendu à la partie sentimentale de l'affaire.

Quand j'ai vu la réunion du Palais de l'Industrie s'honorer d'un tel président, j'ai instinctivement pressenti quelque toast taillé en pleine étoffe d'actualité, car c'est un orateur qui n'a pas l'habitude de passer à côté des questions. Il y a longtemps déjà que j'apprécie cette spontanéité vive et franche ; en 1847, j'ai eu l'honneur d'être reçu par le prince Napoléon à Florence, où il vivait alors. Ma présentation venait de haut, je lui apportais une lettre de recommandation destinée à me faire bien accueillir. Celui qui me l'avait donnée est devenu empereur des Français; celui à qui je l'ai remise, comme il le dit avec une spirituelle finesse, est devenu autre chose que l'on sait. — Quant à moi, dans l'intérêt de la vérité sur les Altesses et pour étayer mon opinion à leur égard je suis heureux d'avoir rencontré un auxiliaire qui ne sera pas démenti. — Depuis cette première entrevue, rentré dans ma sphère, j'ai contemplé de loin le Prince parcourir la sienne. Je félicite l'affaire du canal, elle possède là un ardent et vigoureux protecteur... dont je ne partage nullement l'opinion sur l'omnipotence des faits accomplis — même en Egypte,

S'il pouvait être vrai que M. de Lesseps, pour installer son entreprise, se fût appuyé sur cette chanceuse théorie des faits accomplis, on serait fondé à craindre qu'il n'eût beaucoup trop donné au hasard. En tous cas, de la foi accordée à un pareil système il ne pourrait sortir que la justification, très contestable, d'une imprudence, et la preuve s'en trouve invinciblement dans la situation actuelle.

XIII

Je ne connais pas Ismaïl-Pacha. Lorsque j'étais en Égypte, Saïd régnait encore; j'ai donc cherché Ismaïl dans les documents publics.

M. de Lesseps nous le dépeint ainsi : « Esprit cultivé,

sagace et persévérant ; caractère sage et réfléchi ; cœur droit et juste, n'ayant pas oublié son éducation toute française, mais étant avant tout prince égyptien, ce dont il faut le louer ; administrateur habile et ordonné, son règne, déjà remarquable au début, promet beaucoup pour le bonheur de son peuple et pour l'heureux accomplissement de notre entreprise. » (Rapport à l'assemblée générale, 15 juillet dernier.)

Le prince Napoléon, au banquet, dit de son côté : « Ismaïl-Pacha s'est très bien conduit. C'est un prince instruit, capable, ordonné, plus régulier et plus sage que les Orientaux en général. » Mais il ajoute : « Pourquoi faut-il qu'à côté de ces éloges que je me plais à lui donner, tout d'un coup sa conduite ait changé ? »

Pourquoi ? parce que ce vice-roi instruit, capable, ordonné, régulier, sage, et Egyptien avant tout, a promis l'isthme aux Turcs ; voilà, il n'y a pas autre chose.

A ne voir que ce qui saute aux yeux, c'est en effet un notable changement de conduite.

M. de Lesseps a, de plus, imprimé l'affirmation suivante : (même rapport, 15 juillet) nous n'hésitons pas à affirmer que l'opinion d'Abdul-Aziz est favorable à l'exécution du canal, et que le meilleur accord n'a jamais cessé d'exister entre Sa Hautesse et le vice-roi.

On conviendra qu'il n'est pas possible de s'illusionner plus galamment.

En fin de compte, malgré les promesses antérieures, malgré l'appui accordé jusqu'ici, malgré les *faits accomplis*, la question devait retourner à Constantinople, car les six mois sont expirés depuis le 18 février ; —

j'ai, moi aussi, l'idée que le suzerain et le vassal sont parfaitement d'accord.

Dites maintenant ce que valent les faits accomplis, même en Egypte, comme je me suis risqué à le remarquer tout à l'heure.

Et puis encore, dites si les vieux traîtres de nos vieux mélodrames n'étaient pas, en fait de dissimulation, de jeunes étourdis auprès des autorités ottomanes.

Feignons de feindre, afin de mieux dissimuler !

XIV

Comment l'esprit cultivé, sagace et persévérant, le caractère sage et réfléchi, le cœur droit et juste d'Ismaïl, comment un si rare assemblage de qualités et de vertus a-t-il pu aboutir à une déclaration dans le genre de celle-ci : « Vous avez dépensé quarante millions de l'argent de la France, que voulez-vous ? C'est de l'argent mal dépensé ; je m'arrête et je m'arrange avec mon suzerain de manière à vous le faire perdre. »

Ce discours exempt d'artifice est mis dans la bouche du vice-roi d'Égypte par le prince Napoléon, qui ajoute que c'est une conduite qu'il ne veut pas qualifier, car s'il la qualifiait il le ferait très sévèrement. En effet ces sortes de procédés n'ont pas deux noms.

J'ai entendu dire à des hommes pratiques qu'il fallait toujours traiter les affaires avec la conviction que les parties contractantes étaient des.... encore un mot qu'on ne peut écrire ; — ces hommes pratiques disaient que c'étaient les maximes élémentaires des transactions. L'honorable code ! et que ces théories financières sont donc respectables !

Ou M. de Lesseps ignore ces *principes* élémentaires, ou, les connaissant, il en a méprisé les honteux avertissements ; mais, parler français à des Arabes — à des *Arabes avant tout* — n'est pas sans inconvénient ; il arrive, par exemple, qu'on ne s'entend pas. Aussi le prince Napoléon *aime mieux croire qu'il y a malentendu.*

Le malentendu saute aux yeux. — Ismaïl-Pacha, si favorable au canal, défend qu'on l'achève ; il laisse six mois de réflexion à M. de Lesseps, et l'assure que, passé ce temps, l'affaire sortira de ses mains pour passer à Constantinople. — Le délai s'écoule et le Pacha soumet la question à Paris. — Le malentendu est évident.

Cette fois cependant, je me risque à approuver l'Altesse égyptienne ; selon moi, elle ne pouvait faire mieux. S'il y a un piége là-dessous, j'avoue qu'il m'échappe.

XV

A en croire quelques récriminations, le promoteur du canal aurait abusé du temps qu'on lui a bénévolement laissé ; ce serait tout simplement un ingrat que jusqu'ici la Turquie aurait obligé, une espèce de couleuvre réchauffée dans le sein musulman.

Mais il me semble, tout au contraire, que M. de Lesseps est fondé à trouver fort mauvais ce qu'on appelle avec complaisance atermoiement. Comment ! on l'a laissé durant huit ou dix ans, non pas élaborer des consultations, des articles de journaux, des projets sur le papier ; mais on l'a regardé exécuter sur le terrain avec privilége et approbation, avec aide et coopération du vice-roi, des travaux gigantesques, en plein jour, en face de l'Egypte, de la Turquie, de l'Europe ; une partie du peuple égyptien travaillant et le pacha prenant un grand nombre d'actions ; on l'a laissé, sans droit bien constaté, enrégimenter des masses de travailleurs, fonder des villes, créer des ports, dépenser des capitaux considérables ; toutes les nations ont acclamé ses efforts, et, après cet *atermoiement* décennal, on se ravise, on vient lui arracher son œuvre, l'arrêter violemment et placer tout à coup, en regard de colossaux résultats matériels, des arguties d'huissier ! On vient insinuer qu'il ne s'agit pas de *traité*, mais de *contrat ;* on découvre qu'un *pouvoir exclusif* n'est pas un *droit exclusif*. La belle trouvaille ! et comme elle se présente à propos !

Au fond, cette dernière assertion est trop vraie politiquement pour être seulement probable honnêtement.

Enfin, voilà des travaux herculéens entrepris, voilà des résultats immenses quasi obtenus, voilà un des plus hauts faits de la civilisation de tous les siècles presqu'accompli, et l'on essaye de piquer le colosse au talon ! — La Turquie épluche en véritable procureur de comédie les termes d'une concession qui n'est pas un *traité*, mais un *contrat ;* le président de la société a pris un traité pour un contrat, voyez un peu !

Abdul-Aziz succède à Malherbe auprès de M. de Lesseps ; il veut, à notre illustre compatriote

D'un mot mis à sa place enseigner le pouvoir.

Voltaire nous a dit dans un beau vers que la lumière nous venait de Pétersbourg ; il paraît maintenant que Constantinople nous apprend la grammaire.

M. de Lesseps ne s'endort guère, je pense ; sans quoi l'anecdote des Pygmées viendrait ici fort à propos.

D'ailleurs, c'est toujours le même instinct chez ces peuples de l'Orient. Pour eux, notre humanité est couardise ; et nos sentiments honnêtes, confiants, enthousiastes sont pour les vizirs des naïvetés européennes. — M. de Lesseps, plein d'une juvénile ardeur, s'est mis prématurément à l'œuvre ; il a couru à manquer d'haleine, et il commence à perdre pied. Les vizirs, étendus sur leurs divans, aspirant avec nonchalance leur narguilé, ont laissé faire, ont pris leur temps, leurs aises. Jusqu'ici, ils ont ri dans leur barbe en nous voyant au milieu du désert creuser une route pour le monde civilisé ; aujourd'hui ils veulent ruiner nos travaux. Si c'eût été une bibliothèque, ils en eussent fait chauffer les bains d'Alexandrie.

J'en reviens à mes points cardinaux : l'apathique malveillance musulmane et la *furia* française. — Il y en a sans doute deux autres qu'il faudrait énumérer pour être correct ; le troisième c'est l'Angleterre, puisque M. de Lesseps l'assure. Je n'entrevois pas encore bien clairement le quatrième. — Jusqu'à plus ample informé, mon carré restera triangle.

XVI

Si, en définitive et ce qu'à Dieu ne plaise, il arrive malheur à l'entreprise, M. de Lesseps n'aura fatalement à s'en prendre qu'à lui-même, parce que tous ses tardifs efforts n'auront pu réussir à réparer la faute première : l'exécution commencée et poursuivie sans le firman.

Moi, je distingue entre le dessein et l'affaire.

Le dessein. — il est beau, utile, grandiose. On ne saurait lui adresser assez de louanges et l'entourer d'assez de sympathies.

L'*affaire.* — Comme toutes les autres, elle se meut dans la sphère des intérêts financiers ; comme toutes les autres, elle aurait dû être conduite avec habileté, avec prudence, parce que, comme dans toutes les autres, il s'agit, au fond, de procurer des dividendes aux actions.

Si le *dessein* ne se réalisait pas, ce serait un malheur et une honte pour notre siècle. Mais c'est impossible.

Quant à l'*affaire*, si elle manque, ce ne sera pas la première qui aura échoué pour avoir été mal emmanchée.

XVII

Les opérations de finance, je le déclare, ne me touchent pas ; leurs vicissitudes me sont parfaitement indifférentes; ma nature répugne aux émotions de Bourse; mon estime est ailleurs. J'avoue que l'enthousiasme me fait défaut pour les destinées changeantes qui ont les écus pour base ; je manque d'admiration à l'endroit de leurs triomphes, et je suis sans commisération pour leurs mésaventures; voilà qui est dit.

Mais, de ce que je n'estime pas les tripotages d'argent, il ne suit nullement que je sois sans patriotisme, sans amour du bien, du beau, du noble, de l'utile.

> Qui méprise Cotin n'estime pas son roi,
> Et n'a, selon Cotin, ni Dieu, ni foi, ni loi.

C'est un raisonnement encore fort en usage. — Je dis bien haut à M. de Lesseps : attendez avec confiance la décision de Napoléon III. Marchez devant vous, la gloire est à l'horizon et tresse ses couronnes. Que votre premier faux pas accélère au contraire votre course ; au milieu des jalousies, des ignobles obstacles qu'on vous suscite, montez au Capitole !

> Le dieu poursuivant sa carrière
> Verse des torrents de lumière
> Sur ses obscurs blasphémateurs.

XVIII

Les tribunaux et les banquets ont joué leurs rôles et rentrent dans la coulisse ; le dénoûment s'approche, le *Deus ex machina* descend sur la scène. Enfin les événements semblent vouloir se produire. Il va sans dire que j'entends par événements le mouvement intérieur de intérêts de *l'affaire*; car la politique, qu'on voudrait bien introduire pour calmer les alarmes du dividende, n'a, je pense, rien à voir ici. On peut discourir chaleureusement et sympathiquement à table; on peut porter de chaleureux et sympathiques toasts; on peut enfin moduler sur tous les tons la chaleur et la sympathie, mais de là à envoyer des frégates il y a loin. La prétention de faire tirer l'épée à la France pour empêcher la dépréciation sur les coupons de l'Isthme n'était pas décemment admissible. Cet amour-propre exorbitant , cette risible fatuité n'était tout simplement qu'une incongruité du capital.

Au reste, nous verrons bien. Il faut maintenant laisser aux machinistes le temps de préparer leur changement de décoration. Nous sommes dans un entr'acte. Quand le rideau se relèvera, je continuerai l'analyse de la pièce. — Je ne dis pas adieu au canal, mais au revoir.

PARIS — IMPRIMERIE DE DUBUISSON ET Cᵉ, RUE COQ-HÉRON, 5.

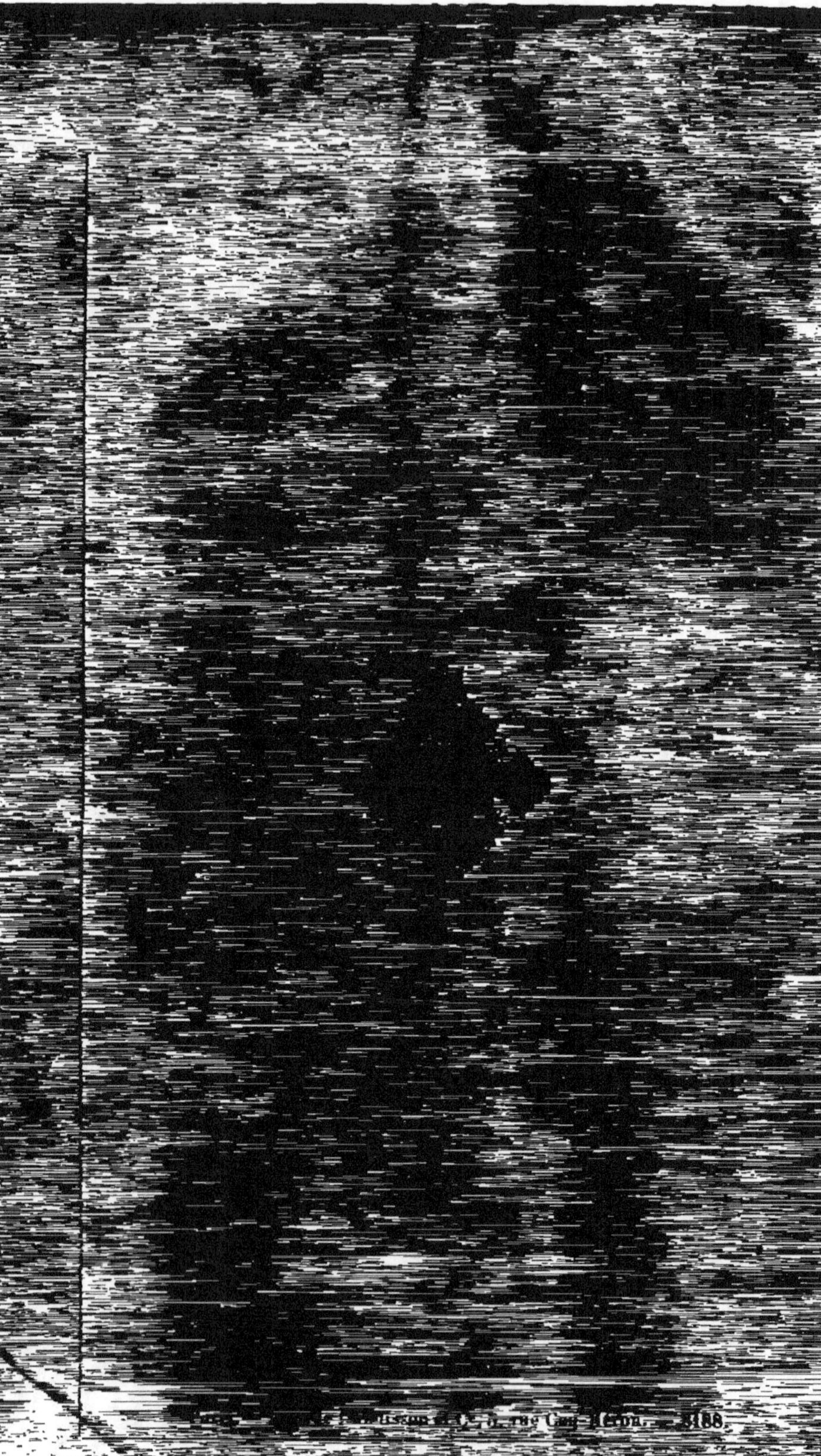